CHITA

Operaciones de Alto Rendimiento

Libro de Trabajo Del Operador

Paul Brainard

Tree Free Press

La Verne, California

Publicado por:

Tree Free Press
La Verne, California 91750

ChitaHPO.com

Primera Edición 2013

ISBN 978-0-9761193-6-4

Fabricado en los Estados Unidos de América

Diseño de portada e ilustraciones de Lily Brainard

Traducido por Maria Alvarez-Curatola

Tabla de contenidos

El Programa Chita - *Introducción*

¡Gana Más Dinero!

El programa de **Operaciones de Alto Rendimiento de Chita** presenta simples **herramientas de mejora del proceso** y muestra cómo utilizar esas herramientas en tú área de trabajo.

Estas herramientas, cuando son combinadas con el **conocimiento práctico** de los procesos, te **facultaran** a mejorar los procesos con los que trabajas.

¿Por qué mejorar los procesos?

- Menos problemas con los procesos **reducirán la frustración** causada por los problemas en el proceso.
- Salidas de mejor calidad aumentarán la **satisfacción del cliente**.
- La creciente satisfacción del cliente conducirá a **ventas más altas**.
- Los procesos optimizados **reducen el coste** y aumentan el flujo de caja.
- La empresa será más **competitiva**, aumentando la seguridad de tú empleo y te dará la oportunidad de **ganar más**.

Metas de este programa:

- Los operadores del proceso aprenden a utilizar las **herramientas** básicas de la **mejora del proceso**.
- Los operadores y la gerencia trabajan juntos para mejorar continuamente los procesos en **pasos pequeños**.
- Los dueños, la gerencia, los operadores y los clientes, **se benefician todos** de la mejora de las operaciones.

Haz una lista de cualquier problema o queja que tengas sobre los procesos en tú área de trabajo. Piensa en cada artículo que enumeres como una oportunidad para la mejora:

-
-
-
-
-
-

¿Qué es un Proceso?

Un proceso se inicia con una *entrada*, se *cambia* la entrada y, finalment, hay una *salida*.

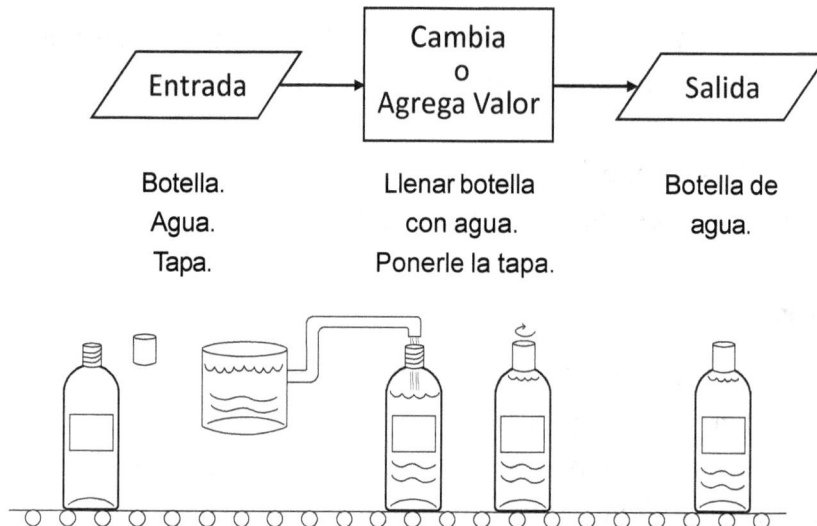

Botella.   Llenar botella   Botella de
Agua.   con agua.   agua.
Tapa.   Ponerle la tapa.

Los procesos occuren en muchas situaciones y ambientes. Todas las compañias de fabricación, las compañias de servicio, las oficinas de negocios y las computadoras utilizan procesos.

Ejemplos de procesos:

- Para una compañía de agua embotellada, *llenar una botella vacía* con agua es un ejemplo de *un proceso de fabricación*.

- *Calcular* manualmente la cantidad de agua necesaria para llenar 12,000 botellas es un ejemplo de *un proceso de información*.

- Una computaroda que hace *automáticamente* el mismo cálculo es también un ejemplo de un *proceso de información*.

- *Introducir* el pedido de un cliente en una estación de trabajo de computadora es un ejemplo de *un proceso de información*.

- *Imprimir* una copia del pedido de un cliente para dar al departamento de producción es un ejemplo de *un proceso de documento*.

- *Imprimir* una nota de envío cuando se envia una caja de agua enbotellada a un cliente es un ejemplo de *un proceso de documento*.

- El portador que *entrega* la caja de agua enbotellada al cliente es un ejemplo de *un proceso de servicio*.

¿Qué es un Proceso?

Ejercicio de Clase 1 - *Identifica los procesos existentes.*

¿Cuáles son algunos de los procesos que utilizas en tú área de trabajo?

-
-
-
-
-
-
-

Documentando un Proceso - *Organigramas*

Existen diferentes maneras para **documentar un proceso**. Una herramienta común para documentar un proceso es llamado un **organigrama**. Un organigrama utiliza **símbolos** para representar gráficamente un proceso.

Uno de los primeros pasos para mejorar un proceso es esquematizar el proceso.

Los organigrams son útiles para:

- Entender los **detalles** de un proceso y la **relación** que cada paso del proceso tiene con los otros pasos.
- **Administrar**, coordinar y balancear un proceso.
- Localizar y eliminar los **cuellos de botella** en un proceso.
- **Solucionar** problemas de un proceso.

Abajo están algunos símbolos de organigrama de uso común:

- **Los paralelogramas** representan una **entrada** o una **salida**.
- **Los triángulos** representan ana **cola** donde los **materiales** están **esperando** pasar al siguiente paso.
- **Los rectángulos** representan un **paso del proceso** donde algo se está transformando o al cuál se le está **añadiendo valor**.
- **Los diamantes** representan **decisiones**.
- **Los círculos** se utilizan como **conectores** que conducen a otros organigramas.

Símbolos de Organigrama

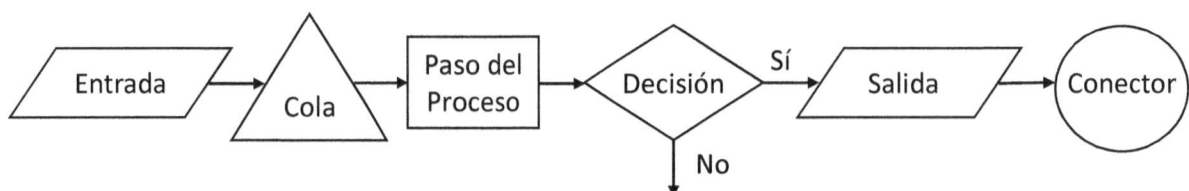

Entrada → Cola → Paso del Proceso → Decisión —Sí→ Salida → Conector
Decisión ↓ No

Organigramas - *Resumidos y Detallados*

Un organigrama se puede preparar utilizando varios niveles de detalles. Por ejemplo, el proceso de pintar una silla se podría esquematizar desde una perspectiva de **resumen** tal como se muestra abajo.

Organigrama del Proceso de Pintar Silla - Resumido

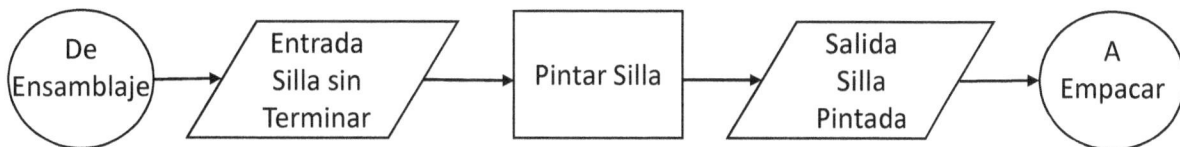

De Ensamblaje → Entrada Silla sin Terminar → Pintar Silla → Salida Silla Pintada → A Empacar

El proceso de 'Pintar Silla' también se podría esquematizar para demostrar en mayor **detalle** los diversos pasos que ocurren cuando se pinta la silla.

Si necesitas mejorar un proceso, un organigrama detallado, en general sería lo mejor.

Organigrama del Proceso de Pintar Una Silla - Detallado

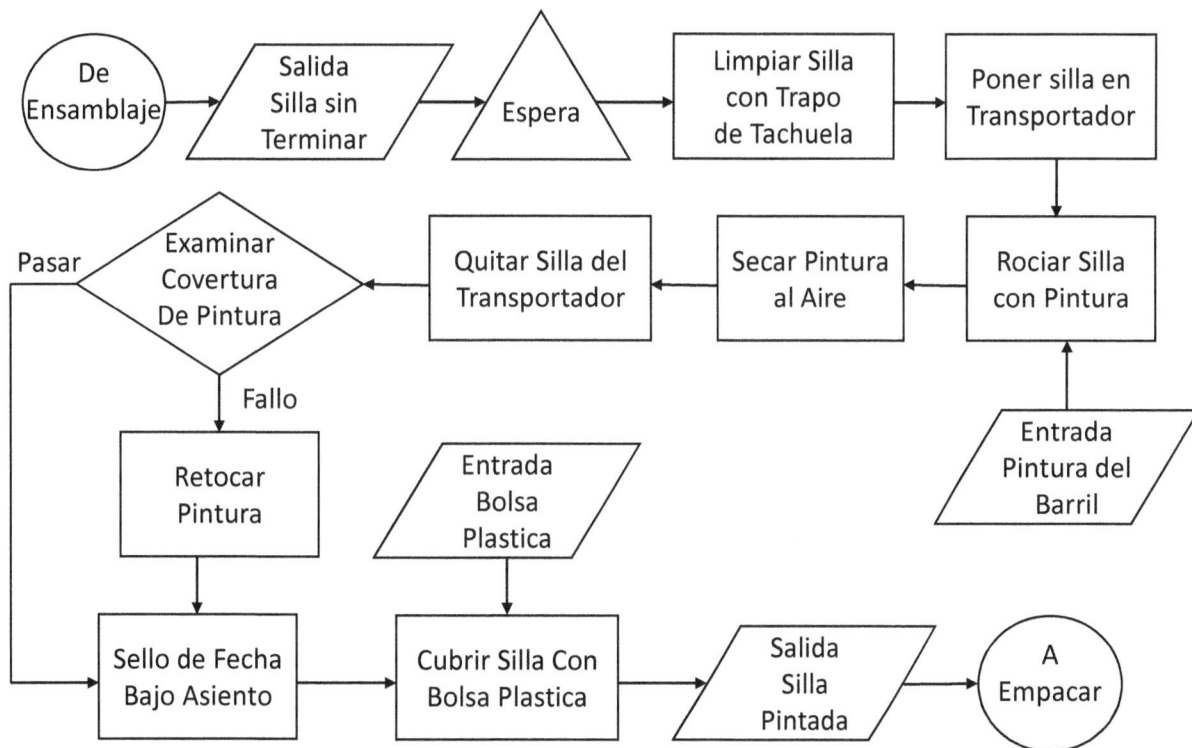

De Ensamblaje → Salida Silla sin Terminar → Espera → Limpiar Silla con Trapo de Tachuela → Poner silla en Transportador → Rociar Silla con Pintura (← Entrada Pintura del Barril) → Secar Pintura al Aire → Quitar Silla del Transportador → Examinar Covertura De Pintura

Pasar → Sello de Fecha Bajo Asiento

Fallo → Retocar Pintura → Sello de Fecha Bajo Asiento → Cubrir Silla Con Bolsa Plastica (← Entrada Bolsa Plastica) → Salida Silla Pintada → A Empacar

Organigramas - *Resumidos*

Ejercicio de Clase 2 - *Resumen del organigrama*

En el área de abajo, dibuja un organigrama resumido de uno de los procesos de tú área de trabajo.

Organigramas - *Detallados*

Ejercicio de Clase 3 - *Organigrama Detallado*

Dibuja un organigrama detallado de ese mismo proceso.

Siete Medidas del Proceso

Para saber si un proceso está mejorando, las **medidas de rendimiento** del proceso son necesarias. Existen **siete medidas básicas** que se pueden utilizar para saber si un proceso está mejorando.

- **Lesiones** - El número de empleados lesionados durante un período de tiempo.

- **Desempeño a Tiempo** - El porcentaje de salidas del proceso que se completan correctamente y según lo previsto.

- **Tiempo de Ciclo** - El tiempo que toma para que las entradas se conviertan en salidas.

- **Rendimiento** - La cantidad de salidas que un proceso crea durante un período de tiempo.

- **Variabilidad** - La consistencia de los procesos, las entradas y de salidas del proceso.

- **Inventario en Proceso** - La cantidad de inventario **dentro de un proceso**.

- **Costo** - El dinero gastado en las entradas del proceso y las actividades del proceso.

Siete Medidas del Proceso

Utilizando las Medidas del Proceso como *Dirección*

Estas siete medidas son esenciales para **mejorar** los procesos de una empresa. Para mejorar un proceso, uno de los siguientes resultados tendrían que realizarse:

↓ *Reducir las lesiones* causadas por los procesos de la empresa.

↑ *Incrementar el Desempeño a Tiempo* de los procesos.

↓ *Reducir el Tiempo de Ciclo* de los procesos.

↑ *Incrementar el Rendimiento* de los procesos.

↓ *Reducir la Variabilidad* de los procesos.

↓ *Reducir el Inventario* de los procesos.

↓ *Reducir el Costo* de los procesos.

Ejercicio de Clase 4 - *Identifica las medidas del proceso existentes.*

¿Qué medidas ulitiza tú empresa actualmente para medir el rendimiento de los procesos?

-
-
-
-
-
-
-

¿Alguna de las medidas existentes mide las dimensiones mencionadas en la página 14?

Desempeño del Proceso - *Lesiones*

Reduciendo Lesiones

Una empresa debe operar de una manera **segura**. Como se mencionó en la página 15, una empresa debe reducir el número de **lesiones** causadas por los procesos.

Lesiones: • Incrementan el **costo** de los procesos,
• Reducen el **rendimiento** de los procesos,
• Pueden resultar en **dolor o pérdidas** severas para los empleados lesionados y sus seres queridos.

Las empresas en los EE.UU. están obligadas, por ley, a llevar un recuento del **número de lesiones** que ocurran cada año civil.

Otra medida utilizada es el número de **días de trabajo perdidos** por los empleados debido a las lesiones, conocido como **'Tiempo perdido'** (dado a lesiones).

Desempeño del Proceso - *Lesiones*

Ejercicio de Clase 5 - *Historial de lesiones.*

1. ¿Cuántas lesiones han ocurrido en tú área de trabajo en lo que va del año?

2. ¿Cuántos días han fallado los empleados debido a las lesiones?

Gráficas de Comportamiento

Puesto que estamos discutiendo la medida de **lesiones**, es un buen momento para introducirte a una herramienta de medida llamada **Gráfica de Comportamiento**.

Las Gráficas de Comportamiento pueden utilizar **barras o líneas** para demostrar gráficamente la **historia** de una medida. Con una gráfica de comportamiento es fácil **determinar visualmente** si una medida está mejorando o no está mejorando.

La **gráfica de comportamiento** expuesta abajo demuestra un historial de doce meses de lesiones a empleados. Ocurrieron veintitrés lesiones a empleados durante el año.

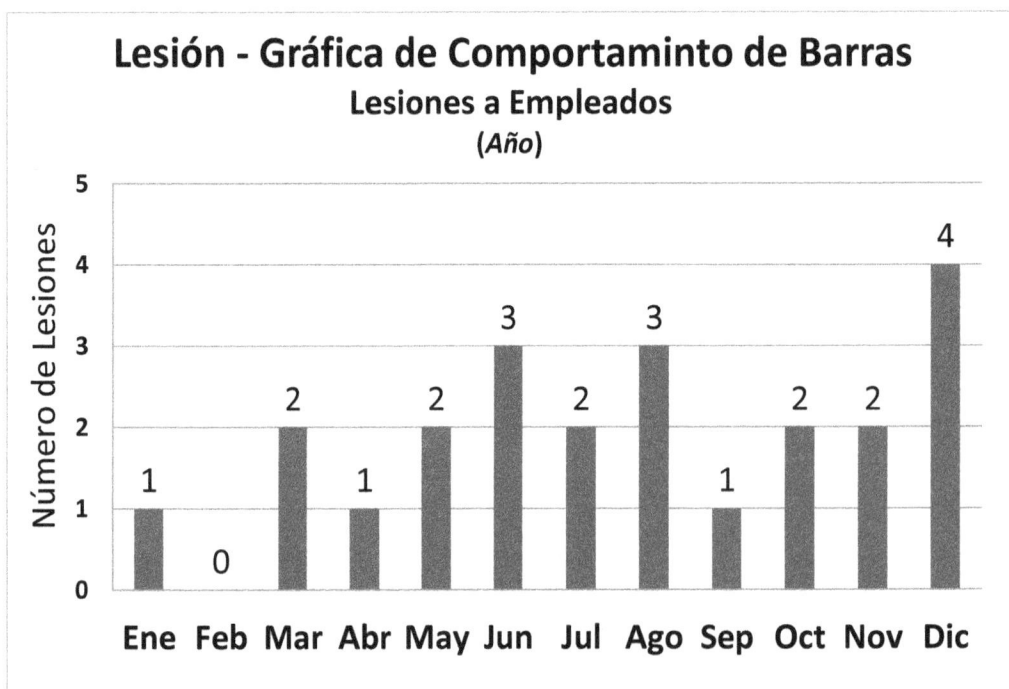

Lesión - Gráfica de Comportaminto de Barras
Lesiones a Empleados
(Año)

La gráfica **visualmente comunica** que muchas lesiones han estado ocurriendo, la tendencia va en aumento y que debe tomarse acción para reducir las lesiones.

Las gráficas pueden ser utilizadas para dar seguimiento a **todas las siete medidas de rendimiento** del proceso.

Exponer las gráficas de comportamiento para que **los empleados las vean**, comunica claramente a los empleados si una medida del proceso está mejorando o no está mejorando. Las gráficas de comportamiento se pueden generar fácilmente usando un programa de hoja de cálculo.

Gráficas de Comportamiento

Ejercicio de Clase 6 - *Gráfica de comportamiento de lesiones.*

En el área de abajo, dibuja una gráfica de comportamiento de barras que muestre el número de lesiones cada mes del año en curso.

Utiliza los datos de Ejercicio de Clase 5.

Gráficas de Comportamiento

Como se mencionó en la página 18, ana gráfica de comportamiento puede utilizar **barras o líneas** para presentar los datos. La gráfica de comportamiento que aparece en la página 18 utiliza barras. Si usamos una **línea** en lugar de barras, la gráfica se vería así:

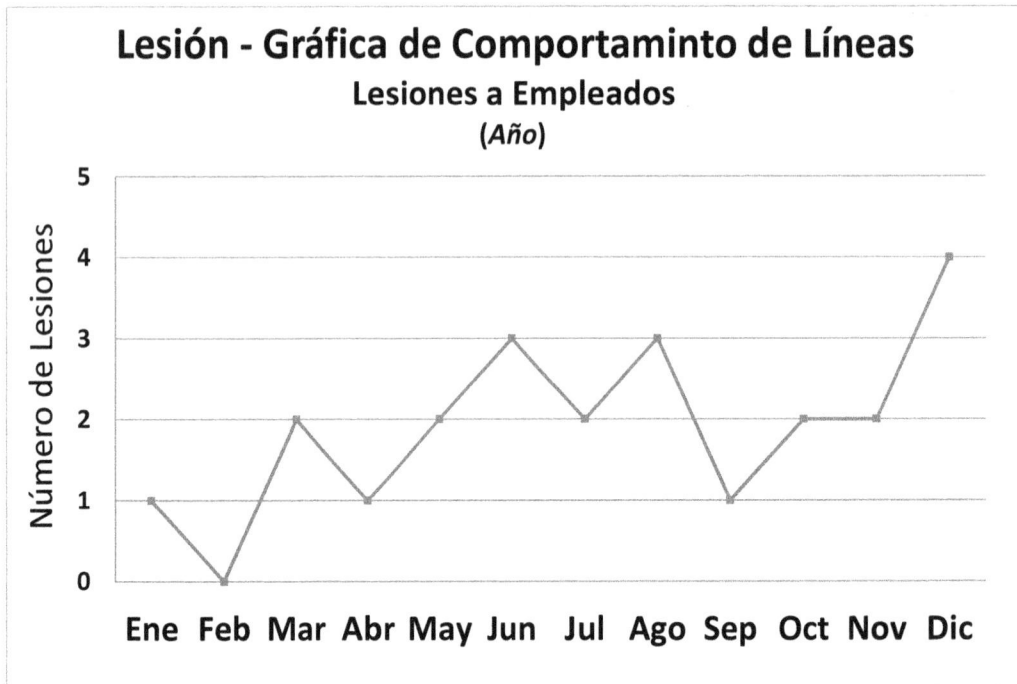

Lesión - Gráfica de Comportaminto de Líneas

Lesiones a Empleados

(Año)

Número de Lesiones

| | Ene | Feb | Mar | Abr | May | Jun | Jul | Ago | Sep | Oct | Nov | Dic |

Las gráficas de barra suelen ser las mejores cuando hay solamente **unas cuantas medidas** para presentar, y las **gráficas de líneas** son mejores para demostrar una **gran cantidad** de medidas.

El **período de tiempo** para cada medida variará dependiendo del tipo de motivación necesaria.

Los procesos con muchos problemas, que necesitan ser **mejorados rápidamente**, pueden requerir medidas **diarias o semanales**. Las medidas **mensuales** pueden ser adecuadas para las medidas que **tardan** para cambiar, o tienen baja actividad.

Gráficas de Comportamiento

Ejercicio de Clase 7 - *Gráfica de comportamiento de líneas de lesiones.*

En el área de abajo, dibuja una gráfica de comportamiento de líneas que demuestre el número de lesiones de cada mes del año actual.

Utiliza los datos de Ejercicio de Clase 5.

Eliminación de Problemas-*Diagramas de Pareto*

Ahora que sabemos cuántas lesiones les han sucedido a los empleados este año, vamos a analizar las **lesiones por tipo** de lesion usando un **Diagrama de Pareto**. Un Diagrama de Pareto puede demostrar cuántas lesiones de cada tipo ocurrieron, y también clasifica cada tipo por cantidad.

En el ejemplo de abajo, hubo un total de **veintitrés lesiones** durante el año:

7 laceraciones   6 distensiónes   6 contuciones   3 lesiones del ojo   1 quemadura

Gráfica de Pareto de Lesiones
Lesiones por Tipo
(Año)

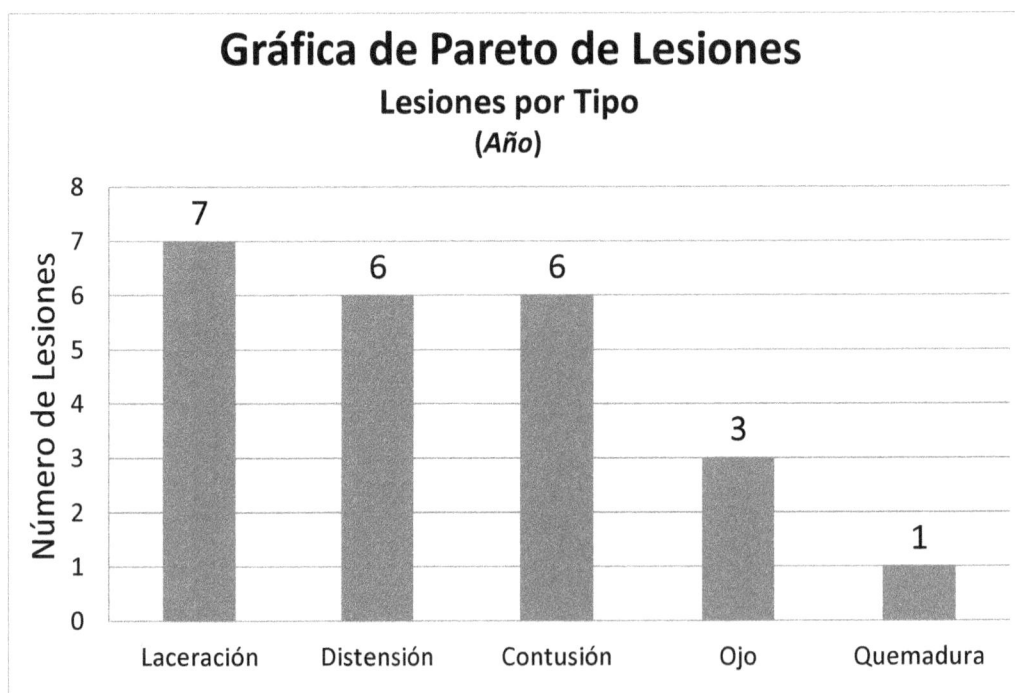

El Diagrama de Pareto comunica claramente que las **laceraciones** fueron la causa principal de las lesiones, y que la **eliminación del problema** de las laceraciones a empleados debe ser una **prioridad** para la empresa.

Eliminación de Problemas-*Diagramas de Pareto*

Ejercicio de Clase 8 - *Diagrama de Pareto de lesiones.*

1. Utilizando los datos de Ejercicio de Clase 5, haz una lista de los tipos de lesiones en el año. Luego, escribe la cantidad de cada tipo de lesión. El total debe ser igual al total de Ejercicio de Clase 5.

2. En el área de abajo, dibuja una Gráfica de Pareto que demuestre los tipos de lesiones y la cantidad de cada lesión. Clasifica los tipos de lesiónes comenzando con el tipo que tiene el mayor número de lesiones como la primera barra.

Eliminación de Problemas-Análisis de Causa Raíz

Ahora que sabemos que **tipo** de lesiones se produjeron y cuántas de cada tipo, podemos hacer un **análisis de la causa-raíz** por cada tipo de lesion, para **encontrar las causas fundamentales** de las lesiones, para así implementar acciónes correctivas.

Si intentas tomar acción correctiva sin determinar cuál es la causa-raíz, puedes terminar tratando de **corregir el motivo equivocado**, y las lesiones continuarán. Para corregir realmente un problema, tal como las lesiones, uno debe eliminar las causas-raíz.

Para **encontrar** la causa-raíz de un problema, simplemente pregunta, "**¿Por qué** ocurrió el problema?" Cuando hayas contestado esa pregunta, **de nuevo pregunta, "¿Por qué** ocurrió eso?" **Repite** este proceso hasta que encuentres todas las causas-raíz.

El **diagrama de espinazo** en la página 25 ilustra el proceso de análisis de causa-raíz.

Los diagramas de espinazo se utilizan para:

- **Identificar** todas las causas-raíz de un problema complejo que tiene múltiples causas-raíz.
- **Comunicarles** a los demás las causas-raíz de un problema.
- **Intercambiar** ideas sobre un problema en grupo.
- **Determinar** las acciones correctivas necesarias para eliminar el problema.

Después de haber encontrado todas las causas-raíz, desarrolla **planes de acción** para eliminarlas.

Análisis de Causa Raíz - *Diagrama de Espinazo*

Análisis de Causa Raíz – Diagrama de Espinazo

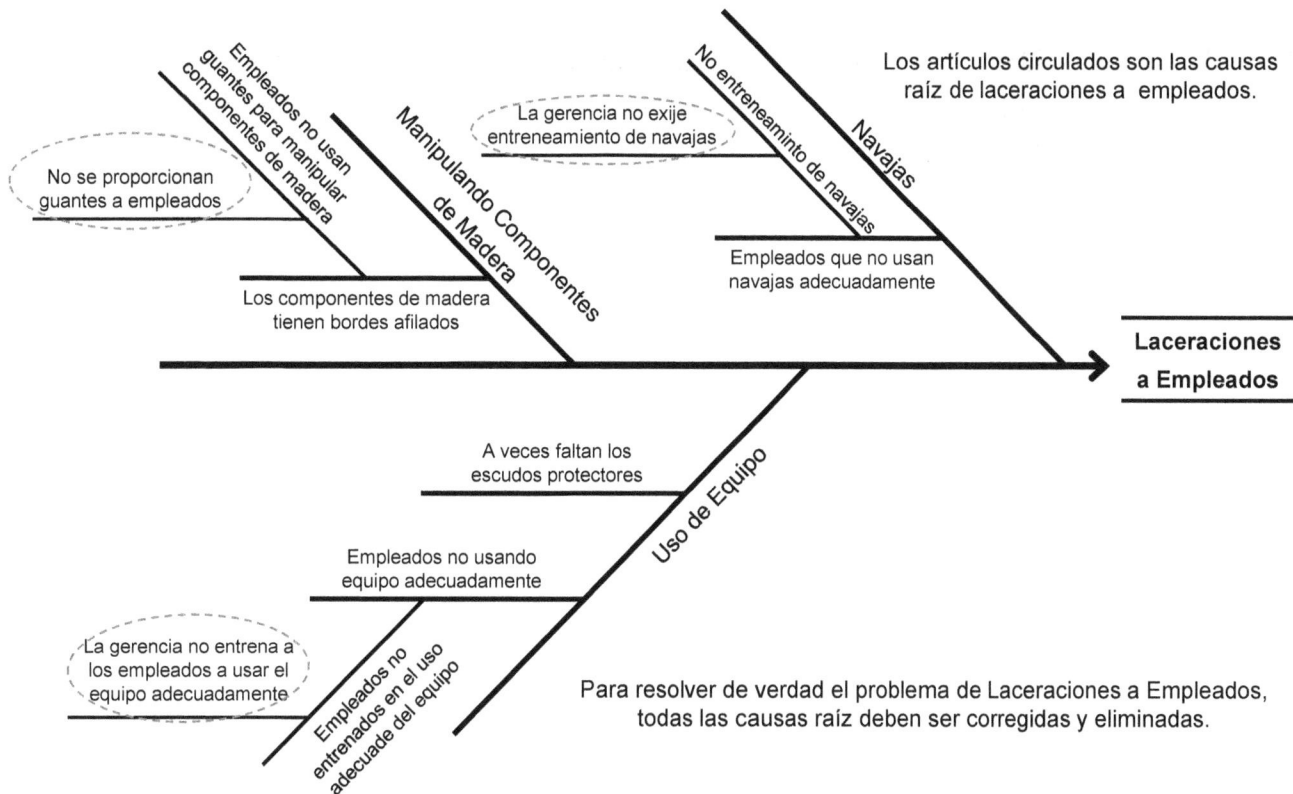

Los artículos circulados son las causas raíz de laceraciones a empleados.

Empleados no usan guantes para manipular componentes de madera

No se proporcionan guantes a empleados

Manipulando Componentes de Madera

Los componentes de madera tienen bordes afilados

La gerencia no exije entreneamiento de navajas

No entreneaminto de navajas

Navajas

Empleados que no usan navajas adecuadamente

Laceraciones a Empleados

A veces faltan los escudos protectores

Uso de Equipo

Empleados no usando equipo adecuadamente

La gerencia no entrena a los empleados a usar el equipo adecuadamente

Empleados no entrenados en el uso adecuade del equipo

Para resolver de verdad el problema de Laceraciones a Empleados, todas las causas raíz deben ser corregidas y eliminadas.

- ➤ *¿Por qué se laceran los empleados?* Debido al uso de navajas, manipulación de componentes de madera o uso del equipo.

- ➤ *¿Por qué se laceran los empleados al usar navajas?* Debido a que no están usando las navajas de manera correcta.

- ➤ *¿Por qué no estan usando los empleados las navajas correctamente?* Debido a que no han sido entrenados a usar las navajas correctamente.

- ➤ *¿Por qué no han sido entrenados los empleados a usar las navajas correctamente?* Debido a que la gerencia no ha establecido entrenamiento de navajas ni ha exigido que los empleados sean entrenados en cómo usar las navajas correctamente.

Acción correctiva para lesiones causadas por el uso de navajas:

La gerencia debe establecer un programa de *entrenamiento de navajas* y exigir que los empleados sean entrenados en cómo usar las navajas correctamente, antes de permitirles usar las navajas.

Análisis de Causa Raíz - *Diagrama de Espinazo*

Exercicio de Clase 9 - *Análisis de causa-raíz de lesiones .*

Para el tipo de lesión con el mayor número de lesiones, según se muestra en el diagrama de Pareto de Ejercicio de Clase 8, crea un diagrama de espinazo para identificar todas las causas-raíz del tipo de lesión.

Análisis de Causa Raíz - *Diagrama de Ezpinazo*

Ejercicio de Clase 10 - *Analizando y corrigiendo problemas.*

1. Selecciona un problema que tiene un *gran impacto* y que tendrá un bajo costo para arreglar.

2. Identifica las *causas-raíz* del problema utilizando un diagrama de espinazo.

3. Desarrolla *planes de acción* correctiva (quién, qué y cuándo) para eliminar cada causa-raíz.

El Proceso - *Desempeño a Tiempo*

Desempeño a Tiempo

El desempeño a tiempo mide el porcentage de pedidos de los clientes que se han completado **correctamente** y **en el plazo previsto**.

Si nuestros clientes reciben sus pedidos **a tiempo** y **correctamente**:

- Ellos estarán **encantados**.
- Ellos continurán **comprando** de nuestra compañia.
- Ellos nos **referirán** a otros clientes potenciales.

Si nuestros clientes reciben sus pedidos **tarde** o si los pedidos **no están correctos**:

- Ellos estarán **molestos**.
- Corremos el riesgo de **perderlos**.
- Corremos el riesgo de una **mala reputación**.

Para **calcular** el desempeño a tiempo, divide la cantidad de pedidos de clientes que se han completado correctamente y en el plazo previsto por la cantidad de todos los pedidos:

Desempeño a Tiempo = Cntd de Pedidos Correctos y a-Tiempo / Cntd de Todos los Pedidos

Incrementando el desempeño a tiempo:

- Comienza **midiendo** el desempeño a tiempo e inicia un diagrama de comportamiento.
- Identifica y **rastrea** los **fallos** de rendimiento puntual:
  - Pedidos de clientes que se envían más tarde de lo previsto.
  - Quejas de clientes tocante a pedidos incorrectos.
- Prepara un **diagrama de Pareto** de los eventos de puntualidad fallidos.
- Haz un análisis de **causa raíz** de cada fallo de tiempo comenzando con el tipo de fallo más alto.
- Reducir el **tiempo de ciclo** del proceso y la **variabilidad** en general incrementa el rendimiento puntual. Se discutira más adelante.

El Proceso - *Desempeño a Tiempo*

Desempeño a Tiempo Mensual
Gráfica de Comportamiento
Porcentaje de Pedidos Enviados Correctamente y a Tiempo

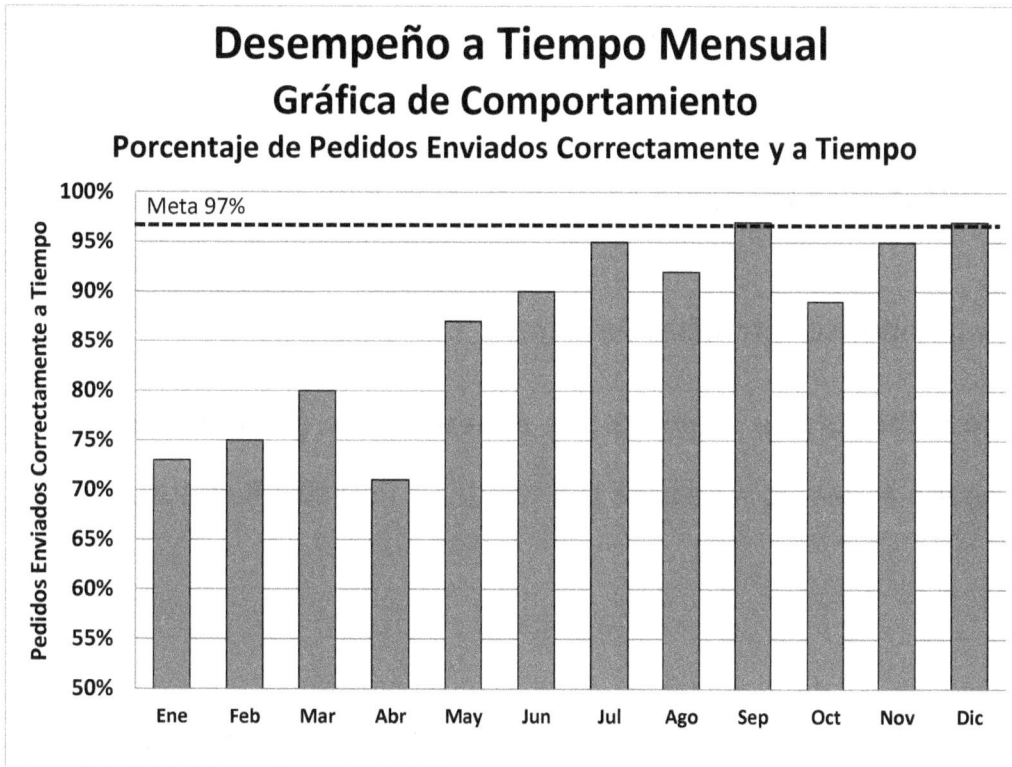

Causas de Pedidos de Clientes Tardíos o Incorrectos
Gráfica de Pareto

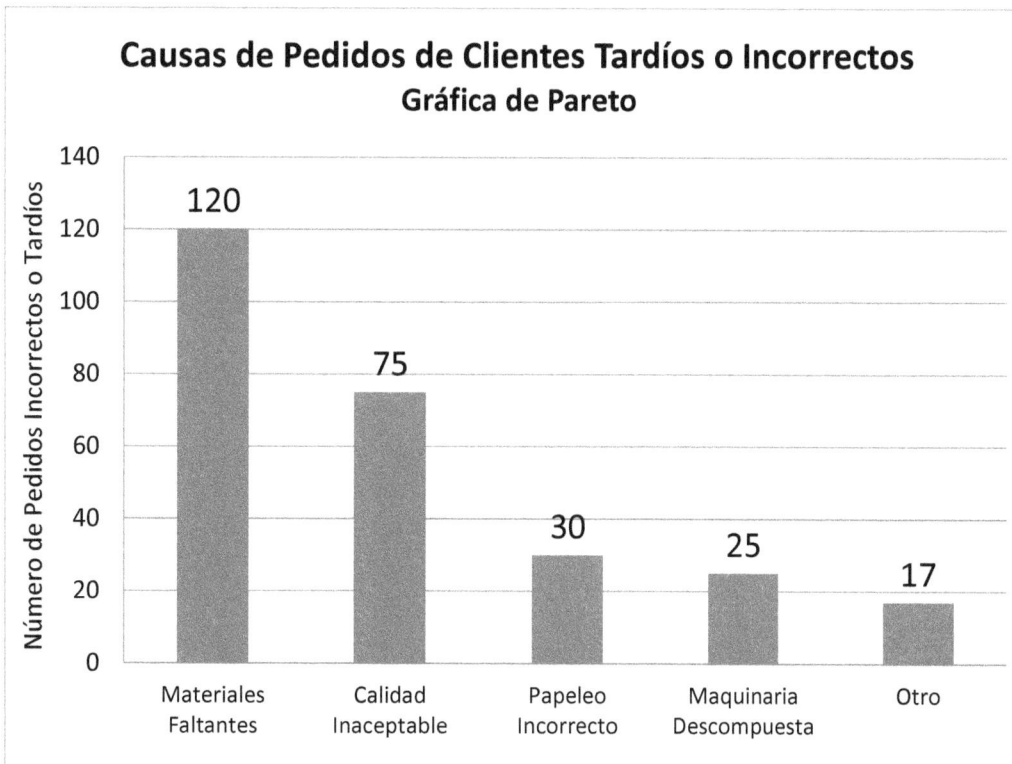

Desempeño a Tiempo-Gráficas de Comportamiento

Ejercicio de Clase 11 - *Gráfica de Comportamiento del Desempeño a Tiempo.*

1. ¿Cuántos pedidos de trabajo se han programado para ser terminados en lo que va del mes?

2. ¿Cuántos pedidos se terminaron a tiempo y correctamente?

3. Utilizando la fórmula de abajo, calcula el desempeño a tiempo de mes a mes.

   Desempeño a Tiempo = Pedidos terminados a tiempo / Pedidos Programados

4. Inicia un diagrama de comportamiento para desemepeño a tiempo mensual comenzando con este mes. Actualizalo semanalmente y añade una barra nueva cada mes.

Desempeño a Tiempo - *Gráficas de Pareto*

Ejercicio de Clase 12 - *Gráfica de Comportamiento del Desempeño a Tiempo.*

1. ¿Cuáles fueron las razones por las que los pedidos no se completaron a tiempo o no se realizaron correctamente?

   -
   -
   -
   -
   -
   -

2. Utilizando tus respuestas a la pregunta número 1, crea una gráfica de Pareto de los motivos por los pedidos atrasados.

Desempeño a Tiempo - *Causa Raíz*

Ejercicio de Clase 13 - *Análisis de causa raíz de Desempeño a Tiempo.*

1. Identifica cualquiera de los fallos de desempeño a tiempo que figuran en el ejercicio de clase 12 que puede ser impactado por tú célula de trabajo.

    -
    -
    -
    -
    -
    -

2. Selecciona una de tus respuestas de la primera pregunta, y dibuja un diagrama de espinazo de la causa raíz por la razón de ese fallo de desempeño a tiempo.

Desempeño a Tiempo - *Causa Raíz*

Desempeño del Proceso - *Tiempo de Ciclo*

El *Tiempo de ciclo* es el tiempo que toma para que las **entradas** se conviertan en **salidas**.

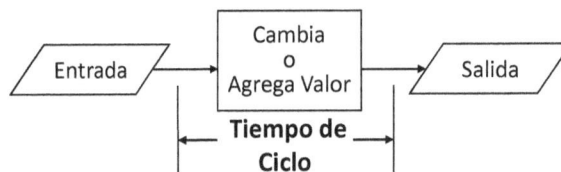

Para un proceso de producción, si la **entrada** de materia prima se introduce en el proceso a las **8:00 am** y la primera unidad de **salida** de esa materia prima sale a las **12:00 pm**, el tiempo de ciclo del proceso es de **4 horas**.

La reducción del tiempo de ciclo no se trata de empujar a los operadores del proceso a trabajar más duro y rápido, se trata de mejorar los procesos para hacerlos más *ágiles* y *confiables*.

Reducir el tiempo de ciclo:

- Incrementa el **Desempeño a Tiempo**, conduciendo a más ventas.
- Incrementa el **Rendimiento**, conduciendo al aumento de ventas.
- Reduce el **Inventorio**, aumentando el flujo de caja y libera espacio en el área de trabajo.
- Reduce los **Costos**, conduciendo a más **ganancias**.

El Tiempo de ciclo se puede dividir en cuatro componentes:

- **Tiempo de Procesamiento** - El tiempo invertido en la modificación o la *adición de valor* a las entradas. Para los servicios, este es el tiempo dedicado en realizar el servicio.

- **Tiempo en cola** - El tiempo que el *inventario* en proceso se encuentra inactivo esperando a ser procesado.

- **Tiempo de montaje** - El tiempo necesario para *preparar* el equipo para empezar a procesar.

- **Tiempo Inactivo** - El tiempo que los procesos están inactivos debido a *problemas* tales como fallos de equipo.

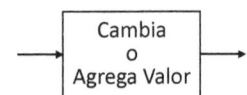

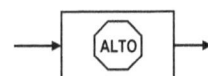

Tiempo de Ciclo - *Fórmula del Proceso*

Una forma para determinar el tiempo de ciclo de un proceso es utilizar una herramienta llamada, la *'Fórmula del Proceso'*.

Tiempo de Ciclo = Inventario en Proceso / Rendimiento

El *inventario en proceso* es la cantidad de inventario que esta *dentro del proceso.* El *Rendimiento* es la cantidad de *salidas* que un proceso crea durante un período de tiempo.

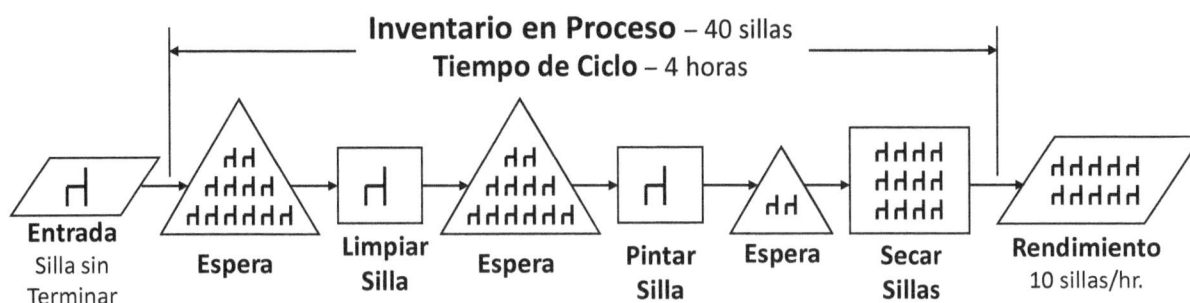

Inventario en Proceso – 40 sillas
Tiempo de Ciclo – 4 horas

Entrada	Espera	Limpiar	Espera	Pintar	Espera	Secar	Rendimiento
Silla sin Terminar		Silla		Silla		Sillas	10 sillas/hr.

Por ejemplo, considera el proceso de pintar una silla: Si el *inventario en proceso son 40 sillas* en diversas fases de ejecución, y el *rendimiento es de 10 sillas por hora*, el tiempo de ciclo sería de *4 horas*.

40 sillas / 10 sillas por hora = 4 horas

La *fórmula del proceso* también será útil cuando hablemos de cómo *incrementar el rendimiento* o reducir el inventario.

Tiempo de Ciclo - *Fórmula del Proceso*

Ejercicio de Clase 14 - *Calculando el tiempo de ciclo del proceso.*

1. Utilizando la fórmula del proceso, calcula el tiempo de ciclo del proceso para el que realizaste un organigrama de Ejercicio de Clases 2 y 3.

   Añade las piezas de inventario dentro del proceso y dividelo entre la cantidad de rendimiento durante una hora. Esto te dará el tiempo de ciclo en horas.

Ejercicio de Clase 15 - *Calculando el tiempo de ciclo en una célula de trabajo.*

1. Calcula el tiempo de ciclo de toda tú célula de trabajo.

   Añade las piezas del inventario dentro de la célula de trabajo y dividela entre la cantidad de rendimiento durante una hora. Esto te dará el tiempo de ciclo en horas.

Tiempo de Ciclo - *Valor Agregado*

Procesos de Valor Agregado.

El **Valor agregado** es la creación de **productos con funciones** o **servicios** que tús clientes **quieren** y por los que están dispuestos a **pagar**.

Ejemplos de los procesos de valor agregado:

- **Llenar** una botella limpia con agua limpia y sellarla firmemente con una tapa, es un valor agregado del proceso de fabricación.

- **Entregar** las botellas de agua que tú cliente pidió a la ubicación correcta, puntualmente, es valor agregado de un proceso de servicio.

Para determinar qué pasos del proceso agregan valor, o descubrir nuevas maneras de agregar valor, **escucha** con cuidadosamente a tús **clientes**:

- ¿Qué **características** les son **importantes** a ellos? ¿Qué características no les son importantes a ellos?

- ¿Qué **problemas** tienen ellos que tú les puedas ayudar a resolver?

- **Visita las instalaciones del cliente** para aprender cómo utilizan tús productos o servicios.

- Invita a tús clientes a visitar tús instalaciones para encontrarse con los operadores, para discutir las necesidades del cliente y sus expectativas.

Las actividades que **no agregan valor** son aquellas actividades que **no generan** directamente los productos con funciones o servicios que tús clientes quieren.

Ejemplos de actividades que no agregan valor:

- Llenar una botella **defectuosa** con agua **no limpia** y colocar la tapa **ligeramente**.
- **Mover** las cajas de botellas de la plataforma de carga a la máquina que llena las botellas.
- **Instalar** la máquina para comenzar a llenar botellas con agua.
- **Buscar** la herramienta necesaria para instalar la máquina.
- Llenar cada botella hasta el **borde** con agua.
- **Reparar** la máquina que llena las botellas con agua.
- Operadores **esperando** mientras que la máquina está siendo reparada.
- **Parar** la máquina hasta que un supervisor tome una **decisión**.

Tiempo de Ciclo - *Valor Agregado*

Ejercicio de Clase 16 - *Procesos de Valor Agregado.*

1. ¿De qué manera agrega valor para tus clientes el proceso que esquematizaste de Ejercicio de Clases 2 y 3?

2. ¿Existen actividades en el organigrama que son actividades que no añaden valor?

Tiempo de Ciclo - *Sin Valor Agregado*

Ejercicio de Clase 17 - *Movimiento que no agrega valor.*

1. Usa un podómetro por un día.

   ¿Cuántas millas caminaste?

   ¿Qué cantidad del movimiento de tu andar estimas que fue sin valor agregado?

2. ¿Qué actividades requieren caminar?

Reduciendo el Tiempo de Ciclo

Reduciendo el Tiempo de Procesamiento

La limpieza y *organización* impecables permiten a los operadores a ser más ágiles.

- Todo lo que no sea necesario para realizar el proceso debe ser **trasladado** fuera del área de trabajo.

- Debe haber un **sitio asignado** para todo lo necesario.

- Las **herramientas** necesarias deben ser **fácil de encontrar** y estar **al alcance** mediante el uso de almacenaje de herramientas tal como **tableros de sombra**.

- Cualquier cosa que se pueda mover debe tener una sombra, para que sea **visualmente obvio** cuando está éste ausente.

- Las áreas de trabajo deben **limpiarse** con frecuencia.

- Las pertenencias personales deben mantenerse en un lugar **limpio y seguro** fuera del área de trabajo.

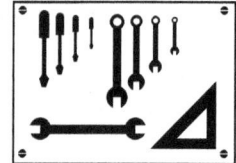

Actividades que no agregan valor

- Primero, identifica todas las tareas de que agregan valor, luego, busca maneras de eliminar o minimizar todas las demás actividades.

- Diseña y organiza estaciones de trabajo para minimizar el movimiento del operador.

- Sólo cierto movimiento del operador añade valor. Identifica los movimientos que agregan valor, luego busca maneras de eliminar o minimizar los movimientos que no agregan valor.

- Coloca los materiales junto a los operadores para reducir lo que camina el operador.

Procesos de Valor Agregado

- **La toma de decisiones** de los pasos del proceso puede acortarse mediante la **potenciación a los operadores** para tomar decisiones rápidas comúnmente requeridas.

- **Combinando los pasos del proceso** para poderlos realizar **simultaneamente** en lugar de secuecialmente.

- Utiliza diagramas de flujo para localizar oportunidades para realizar los pasos del proceso simultáneamente.

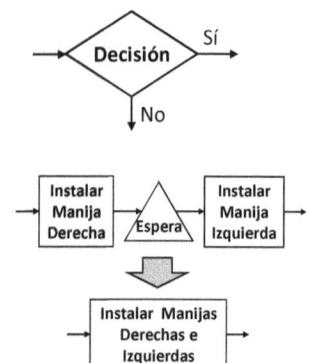

Reduciendo el Tiempo de Ciclo

Reduciendo el Tiempo en Cola

Reduciendo el tiempo en cola es a menudo la manera más *fácil* para reducir el tiempo de ciclo y reducir el inventario.

- Reduciendo el *tamaño de lote de transferencia* entre los pasos del proceso usando equipos tales como transportadoras.

- *Balanceando* un proceso para que todos los pasos del proceso tengan el *mismo tiempo de ciclo*.

- Identificando y eliminando *los cuellos de botella* dentro del proceso. Ver *la página 46* para formas de eliminar los cuellos de botella.

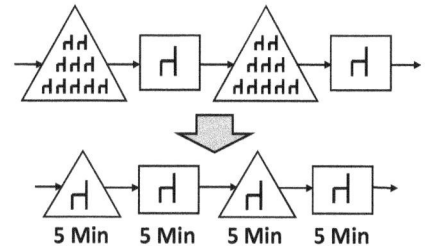

Reduciendo el Tiempo de Montaje

Reduciendo el tiempo de montaje incrementará el *rendimiento*, conduciendo a *más ventas*. El reducir el tiempo de montaje también permite reducir el *tamaño de lote*, reduciendo el tiempo de ciclo y el inventario en proceso.

- El tiempo de montaje a menudo puede reducirse creando *herramientas especializadas* o guías para acelerar el montaje de los procesos.

- Reduce el *tiempo de procesamiento* del proceso de montaje utilizando los mismos métodos descritos en "Reduciendo el Tiempo de Procesamiento" en la página 40.

- ¿Cómo se puede cambiar una llanta tan rápidamente en los pits de una *pista de carreras?*

Reduciendo el Tiempo Inactivo

Reduciendo el tiempo inactivo incrementará el *rendimiento* y el *desempeño a tiempo*.

- El tiempo de inactividad puede reducirse mediante la mejora de los procesos de *mantenimiento preventivo*.

- Cuando se produce una baja en el equipo, las *campanas, luces o los teléfonos* pueden ser utilizados por los operadores para comunicarse rápidamente con el personal de mantenimiento.

- Prepara un *diagrama de Pareto* de las causas del tiempo inactivo.

- Haz un *análisis de causa raíz* de las diferentes causas del tiempo de inactividad, tal como se muestra en el análisis de Pareto.

Reduciendo el Tiempo de Ciclo

Ejercicio de Clase 18 - *Reduciendo el tiempo de ciclo.*

1. Las páginas 40 y 41 enumeran varias tácticas para reducir el tiempo de ciclo. ¿Qué tácticas podrían ser utilizadas para reducir el tiempo de ciclo de los procesos con los que trabajas?

Reduciendo el Tiempo de Ciclo

Desempeño del Proceso - *Rendimiento*

El **rendimiento** es la cantidad de **salidas** que un proceso puede generar durante un período de **tiempo**, tal como una hora o un turno.

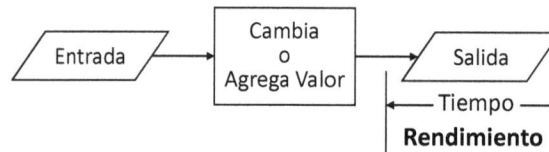

Por ejemplo: - 10 sillas por minuto.
- 100 sillas por hora.
- 10,000 botellas de aqua por día.

Al igual que reducir el tiempo de ciclo, el **incrementar el rendimineto no** se trata de empujar a los operadores del proceso a trabajar más duro y más rápido, se trata de hacer a los procesos más sencillos y más fiables.

Incrementar el rendimiento:

- Permite el aumento de **Ventas**.
- Reduce el **Tiemo Extra** y los costos.
- Incrementa el **Desempeño a Tiempo**.
- Incrementa las **Ganancias**.

La **primera cosa** que necesitamos determinar tocante al proceso de rendimiento:

➤ *Puede el proceso de rendimiento mantenerse al corriente con las salidas de la demanda de ventas al cliente sin tiempo extra?*

- **Si es así**, entonces no **hay necesidad de incrementar** el proceso de rendimiento.

  - Enfoca los recursos en incrementar las ventas incrementando el desempeño a tiempo, reduciendo la variabilidad y reduciendo los costos. Se discutirá más adelante.

- **Si es así**, entonces existe la **necesidad de incrementar** el proceso de rendimiento.

Rendimiento - ¿Se Necesita Aumentar?

Ejercicio de Clase 19 - *¿Necesitamos aumentar el proceso de rendimiento?*

1. ¿Cuál es el rendimiento diario para el proceso que esquematizaste de Ejercicio de Clase 3?

2. ¿Cuál es el promedio diario de la demanda del cliente para la salida del mismo proceso?

3. ¿Es capaz el proceso de mantenerse al corriente con la demanda del cliente sin tiempo extra?

   Si la respuesta es "No", entonces necesitamos incrementar el rendimiento del proceso hasta que se pueda mantener al corriente con la demanda de ventas sin tiempo extra.

   Si la respuesta es "Sí", entonces necesitamos incrementar la demanda de ventas de las salidas reduciendo los costos, reduciendo la variabilidad e incrementando el desempeño a tiempo.

Rendimiento - *Gestión de Cuello de Botella*

Cuello de botella/Gestión de Restricciones

Un paso del proceso de **cuello de botella** es la etapa del proceso con el **rendimiento más bajo** cuando se compara a los otros pasos del proceso dentro del proceso.

Los pasos del proceso de Cuello de Botella **determinan el rendimiento** de un proceso, asi que conocer cómo **localizar** y **eliminar** los cuellos de botella es clave para incrementar el rendimiento.

- En cualquier momento, **un** paso del proceso de cuello de botella está restringiendo el rendimiento de la operación.

- Eliminar los cuellos de botella suele ser la forma **más rápida** y de **más bajo costo** para incrementar el rendimiento.

Localizando los pasos del proceso de cuello de botella:

- Para localizar los pasos del proceso de cuello de botella, busca la acumulación de inventario en proceso. El inventario podría apilarse y esperar frente a un paso de un cuello de botella.

- Los pasos del proceso **posteriores** a un paso del proceso de cuello de botella podrían tener que mantenerse inactivos por algun tiempo mientras que esperan las salidas del paso del proceso de cuello de botella.

- Los pasos del proceso de cuello the botella podrían requerir horas de **tiempo extra** de operación para mantenerse al corriente con los otros procesos.

- Si el cuello de botella es un **proceso de documento**, podría haber un montón de papeleo antes del paso del proceso de cuello de botella.

En el ejemplo de abajo, el paso del proceso de **Pintar Silla** es el cuello de botella. El inventario esta embotellado esperando frente al paso del proceso de cuello de botella. El paso del proceso de **Secar Sillas** algunas veces esta inactivo en espera de sillas.

El **rendimiento** del paso del proceso de **Pintar Silla** es de **10 sillas/hora**, y determina el rendimiento de todo el proceso.

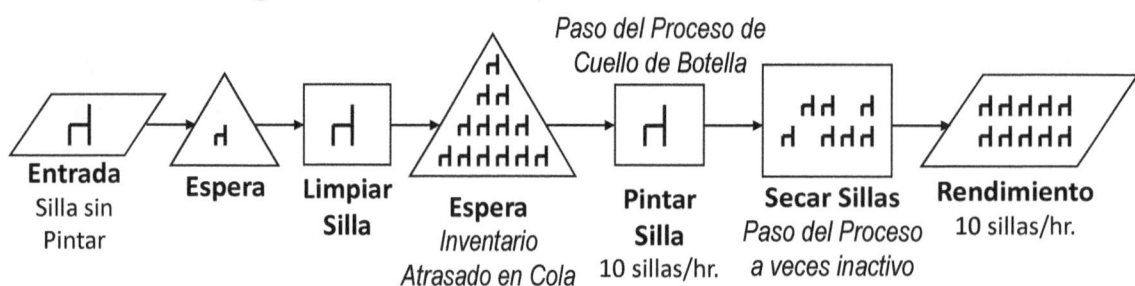

Entrada — Silla sin Pintar | Espera | Limpiar Silla | Espera — Inventario Atrasado en Cola | Pintar Silla — 10 sillas/hr. | Secar Sillas — Paso del Proceso a veces inactivo | Rendimiento — 10 sillas/hr.

Paso del Proceso de Cuello de Botella

Ejercicio de Clase 20 - *Localizando los cuellos de botella*

1. Revisa el organigrama detallado que dibujaste de Ejercicio de Clase 3.
   ¿Puedes localizar el paso del proceso que es el cuello de botella del proceso?

   ¿Se acumula el inventario antes de cualquiera de los pasos del proceso?

   ¿Permanece inactivo alguno de los pasos del proceso esperando recibir el inventario del paso del proceso previo?

   ¿Requiere algún paso del proceso horas extras para mantenerse al corriente con los otros pasos del proceso?

Rendimiento - *Fórmula del Proceso*

La fórmula del proceso reorganizada

La reorganización de la fórmula del proceso que discutimos en la ***página 35***, nos puede ayudar a encontrar maneras de incrementar el rendimiento:

Rendimiento = Inventario en Proceso / Tiempo de Ciclo

10 sillas por hora = 40 sillas / 4 horas

La fórmula nos muestra que:

- El reducir el ***tiempo de procesamiento*** de un paso del proceso de un ***cuello de botella*** incrementara el rendimiento.

- El reducir el ***tiempo inactivo*** del proceso incrementara el rendimiento.

- El reducir el ***tiempo de montaje*** incrementara el rendimiento.

Rendimiento-*Eliminando Cuellos de Botella*

Ejercicio de Clase 21 - *Rendimiento y tiempo de ciclo.*

1. En el ejercicio de clase 14 en la página 36, calculaste el tiempo de ciclo para un proceso.

   Utilizando la fórmula del proceso reorganizada ¿qué le pasaría al rendimiento del proceso si el tiempo de ciclo se reduce por la mitad, y el inventario en proceso se mantiene igual?

Rendimiento-*Eliminando Cuellos de Botella*

Para incrementar el rendimiento de un paso del proceso de cuello de botella:

1. **Prepara una *Lista de Tareas* enumerando todas las tareas realizadas para el paso del proceso que muestra:**

   - Número de secuencia de la tarea.
   - Descripción de la tarea.
   - Tiempo de ciclo de la tarea.
   - Identifica las tareas que agregan valor.

Lista de Tareas: Paso del Proceso de Pintar Silla				
Tarea #	Descripción de Tarea	Tiempo de Ciclo	Cómo Minimizar	Nuevo Tiempo
1	Poner carretilla sobre placa giratoria	5 segundos	Transportadora	0
2	Poner silla sobre carretilla	5 segundos	Transportadora	0
3	Encender plataforma giratoria	2 segundos	Interruptor de pie	1 Segundo
4	Levantar pistola rociadora de la mesa	3 segundos	Ya no se necesita	0
5	Limpiar inyector con trapo	4 segundos		4 segundos
6	**Rociar respaldo de silla con pintura (AV)**	**9 segundos**		**9 segundos**
7	**Rociar pintura sobre asiento (AV)**	**7 segundos**		**7 segundos**
8	**Rociar pintura en patas de silla (AV)**	**8 segundos**		**8 segundos**
9	Poner pistola rociadora en la mesa	3 segundos	Ya no se necesita	0
10	Apagar placa giratoria	2 segundos	Transportadora	1 Segundo
11	Rodar silla a zona de puesta para secar silla	8 segundos	Transportadora	0
	Tiempo de Ciclo Total	**56 segundos**		**30 segundos**
	Agregar Valor	**24 segundos**		**24 segundos**
	Sin Agregar Valor	32 segundos		6 segundos

Para determinar los **tiempos de ciclo** de la tarea actual, los operadores podrían ser capaces de **estimar,** basandose en su experiencia, o los **estudios de tiempos** de las tareas que se pueden realizar.

Para hacer un **estudio de tiempo**, designa a alguien que **observe** las tareas a la vez que estas se realizan, y utilizando un cronómetro, **mide** el tiempo que se tarda cada tarea.

2. **Utilizando los métodos enumerados en las páginas 40 y 41, sugiere formas de reducir el tiempo de ciclo de cada tarea. Calcula el nuevo tiempo de ciclo.**

Rendimiento-*Eliminando Cuellos de Botella*

Ejercicio de Clase 22 - *Paso del Proceso: Lista de Tareas.*

1. En el Ejercicio de Clase 20 en la página 47, encontraste un paso del proceso de cuello de botella. Prepara una Lista de Tareas para el paso del proceso.

   Ver *el Apéndice para obtener una Lista de Tareas en blanco.*

   Inicialmente estima el tiempo de ciclo de cada tarea basado en de la experiencia del operador. Más tarde puedes validar las estimaciones con los estudios de tiempo de las tareas.

2. Las páginas 40 y 41 enumeran varios métodos para reducir el tiempo de ciclo. ¿Qué métodos se podrían utilizar para reducir los tiempos de ciclo de las tareas?

3. Estima los nuevos tiempos de ciclo de cada tarea.

Rendimiento-*Eliminando Cuellos de Botella*

Para incrementar el rendimiento de un paso del proceso de cuello de botella:

3. **Prepara una Lista de Tiempo de Montaje y Tiempo Inactivo que enumere todas las tareas de montaje y las razones por el tiempo inactivo del paso del proceso, con la información siguiente:**

   - Descripción del tiempo de montaje y del tiempo inactivo.

   - El tiempo promedio que se tarda montar o reestableser el proceso despues de un evento de tiempo inactivo.

   - El promedio de la frecuencia de una tarea de montaje o un evento de tiempo inactivo.

   - Calcula el promedio de minutos por día de cada tarea de montaje y evento de tiempo inactivo.

4. **Sugiere formas para reducir el tiempo de ciclo o frecuencia de las tareas de montaje o eventos de tiempo inactivo.**

   - Estima el nuevo tiempo de ciclo de cada tarea de montaje o evento de tiempo inactivo.

   - Estima la nueva frecuencia de cada tarea de montaje o evento de tiempo inactivo.

   - Calcula los nuevos minutos por día de cada tarea de montaje o evento de tiempo inactivo.

Lista de Tareas de Tiempo de Montaje e Inactivo: Paso del Proceso de Pintar Silla							
Descripción de Tiempo de Montaje y Tiempo Inactivo	Tiempo de Ciclo	Frecuencia	Minutos Por Día	Cómo Minimizar	Nuevo Tiempo de Ciclo	Nueva Frecuencia	Minutos Por Día
Operador va al cajón a traer trapos limpios	5 Minutos	3/Día	15	Operador trae trapos 1x día	0 Minutos	0/Día	0
Limpiar inyector de pistola automizada	5 Minutos	2/Día	10	Tener inyector limpio y listo	1 Minutos	2/Día	2
Limpiar líneas de pintura	30 Minutos	3/Semana	18	Tener líneas de pintura listas	5 Minutos	3/Semana	3
Cambiar los envaces de pintura	10 Minutos	2/Semana	4	Tener nuevo envace disponible	2 Minutos	2/Semana	4
Total de Minutos Inactivos Por Día			47				9
		Segundos	2820				540

Para obtener los tiempos de ciclo actuales de las *tareas de montaje*, los operadores podrían estimar, basandose en su experiencia, o *los estudios de tiempo* de las tareas de montaje que se pueden realizar.

Rendimiento-*Eliminando Cuellos de Botella*

Registro de tiempo inactivo

Un registro de eventos de tiempo inactivo debe comenzarse para indicar cada evento de tiempo inactivo y el tiempo que se toma volver a reiniciar el proceso.

Registro de Evento de Tiempo Inactivo: Paso del Proceso de Pintar Silla				
Fecha	Descripción de Evento de Tiempo Inactivo	Hora en que Paró el Proceso	Hora que se Reactivo el Proceso	Tiempo Inactivo
2/20/2013	Líneas de pintura obstruidas	3:27 PM	4:00 PM	0:33
2/20/2013	Inyector obstruido	10:08 AM	10:13 AM	0:05
2/20/2013	Inyector obstruido	2:33 PM	2:39 PM	0:06
2/21/2013	Cortocircuito de motor de plataforma giratoria	9:15 AM	11:25 AM	2:10

Ejercicio de Clase 23 - *Paso del Proceso: Lista de Tiempo de Montaje y Tiempo Inactivo.*

1. En el *Ejercicio de Clase 20* en la página 47, localizaste un paso del proceso de cuello de botella. Prepara una Lista de Tiempo de Montaje y Tiempo Inactivo para ese paso del proceso.

   Ver el Apéndice para una obtener una *Lista de Tiempo de Montaje y Tiempo Inactivo* en blanco.

   Inicialmente estima el tiempo de ciclo de cada tarea de montaje basado en de la experiencia del operador. Más tarde puedes validar las estimaciones con los estudios de tiempo de las tareas de montaje.

2. Las páginas 40 y 41 enumeran varios métodos para reducir el tiempo de ciclo. ¿Qué métodos se podrían utilizar para reducir los tiempos de ciclo de las tareas de montaje o eventos de tiempo inactivo?

3. Estima los nuevos tiempos de ciclo de cada tarea de montaje o evento de tiempo inactivo.

Variabilidad del Proceso

Variabilidad del Proceso

La variabilidad es la medida de la **consistencia** del proceso.

Por exemplo:

- Si las salidas varían desde 15 oz de agua a 16.5 oz, la **variabilidad de las salidas es de 1.5 oz**.

- Si el tiempo de ciclo del proceso es a veces tan corto como 8 minutos y, a veces tan largo como 10 minutos, el **tiempo de ciclo de la variabilidad** es de **2 minutos**.

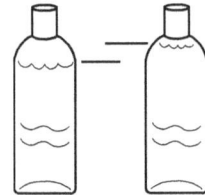

La variabilidad causa los siguientes tipos de problemas:

- **Quejas de los clientes** y devoluciones.
- **Pedidos** tardíos.
- Salidas que tienen que ser **desechadas** o **reprocesadas** debido a calidad inaceptable.
- Rendimiento o timepo de ciclo inconsistente.
- **Frustración** del operador con el equipo, las materias primas u otros operadores.

Reducir la variabilidad haciendo que la función de los procesos sea más consistente:

- Mejora la **satisfacción del cliente** conduciendo a más ventas.
- Reduce la necesidad de **inventario.**
- Reduce la **frustración** del operador con los procesos.
- Reduce el **costo** para administrar los procesos.

La variabilidad puede dividirse en tres tipos:

- **Variabilidad de las Entradas** - La consistenccia de las entradas del proceso.
- **Variabilidad del Proceso** - La consistencia del proceso.
- **Variabilidad de las Salidas** - La consistencia de las salidas del proceso.

Si las **entradas** en un proceso son consistentes y el **proceso** funciona de manera consistente, las **salidas** deberan ser consistentes.

Variabilidad del Proceso

Ejercicio de Clase 24 - *Variabilidad del Proceso.*

1. En el proceso que esquematizaste de Ejercicio de Clase 3, ¿cuáles son algunas formas en las que las salidas del proceso pueden variar?

2. ¿Cómo determina el operador del proceso si las salidas son aceptables?

Reducindo la Variabilidad del Proceso

Reduciendo la Variabilidad del Proceso

Identifica los problemas causados por la variabilidad del proceso:

- Pedidos de los clientes **tardíos**.
- **Quejas** de los clientes y devoluciones.
- Las salidas que tienen que ser **desechadas** o **reprocesadas** debido a calidad inaceptable.
- Rendimiento o timepo de ciclo inconsistente.
- **Quejas** del operador acerca del equipo, las materias primas, los procesos u otros operadores.

Prioriza y corrige los problemas causados por la variabilidad del proceso:

- Prepara un **diagrama de Pareto** de los problemas de la variabilidad.
- Haz un análisis de **causa raíz** de los problemas más comunes.
- Desarrolla **puntos de acción** para eliminar cada causa de raíz.

Reduciendo la Variabilidad del Proceso

Ejercicio de Clase 25 - *Problemas de la Variabilidad del Proceso.*

1. Enumera algunos de los problemas que notas, que son causados por la variabilidad del proceso.

    •

    •

    •

    •

    •

2. ¿Cuál problema es el más común o tiene el mayor impacto?

3. Dibuja un diagrama de espinazo de la causa raíz que muestre las causas raíz de la variabilidad.

Variabilidad - *Medidas Críticas*

Medidas Críticas

Algunas medidas son críticas para determinar si **las salidas les son satisfactorias** a los clientes, externos e **internos**. Un **cliente interno** es el proceso posterior que receive las salidas de un proceso. Los procesos deben crear salidas consistentemente satisfactorias.

- **Identifica** los atributos/medidas críticas.

- Establece **normas** para las medidas críticas. ¿Cuál es el margen que le es aceptable a los clientes?

- Documenta claramente las normas utilizando una **cuadrícula de medidas críticas.**

Medidas Críticas: Paso del Proceso de Llenar Botellas							
Descripción del Producto	Atributo Crítico	Meta de Medición	Tolerancia	El Minimo Aceptable	El Maximo Aceptable	Cómo Medir	Que Tan Seguido
Botella de agua de 8 oz	Volumen de agua	8.1 oz	+/- 0.1	8.0 oz	8.2 oz	Cilindro Grad	Después de Montaje y cada 3000
Botella de agua de 12 oz	Volumen de agua	12.1 oz	+/- 0.1	12.0 oz	12.2 oz	Cilindro Grad	Después de Montaje y cada 3000
Botella de agua de 16 oz	Volumen de agua	16.1 oz	+/- 0.1	16.0 oz	16.2 oz	Cilindro Grad	Después de Montaje y cada 2000
Botella de agua de 32 oz	Volumen de agua	32.1 oz	+/- 0.1	32.0 oz	32.2 oz	Cilindro Grad	Después de Montaje y cada 2000

- Hay una cuadrícula de Medidas Críticas en blanco en el Apéndice.

- **Publica** las normas para que los operadores del proceso puedan hacer referencia a ellas rápidamente.

- Desarrolla herramientas y métodos para que los trabajadores puedan medir rápidamente las salidas para determinar si son aceptables.

Variabilidad - *Medidas Críticas*

Ejercicio de Clase 26 - *Medidas Críticas.*

1. ¿Cuáles son algunas de las medidas críticas de los procesos con los que trabajas?

-
-
-
-
-

2. Rellena una cuadrícula de medidas críticas de las medidas mencionadas arriba. Hay una cuadrícula en blanco en el apéndice.

   ¿Tienes toda la información necesaria para completar el formulario? Si no, ¿quién tendría la información?

Variabilidad - *Medidas Críticas*

Medida Crítica de Artículos Defectuosos

Para reducir el proceso de artículos defectuosos, se necesitan colleccionar los datos de artículos defectuosos.

- Da seguimiento a los artículos defectuosos utilizando un **Registro de Artículos Defectuosos**. Hay un Registro de Artículos Defectuosos en blanco en el Apéndice.

Registro de Artículos Defectuosos: Paso del Proceso de Llenar Botella								
Fecha	Hora	Producto	Atributo Medido	Medición Actual	Cantidad Rechazada	Razón del Rechazo	Acción Correctiva Tomada	Minutos Inactivos
4/18/2013	10:03 AM	botella de agua de 16 oz	Volumen de agua	15.9 oz	50	Calibración de llenadora	Parar líinea, recalibar llenadora	3 Mins
4/18/2013	2:23 PM	botella de agua de 32 oz	Volumen de agua	32.3 oz	110	Calibración de llenadora	Parar líinea, reemplazar émbolo	11 Mins
4/18/2013	3:01 PM	botella de agua de 32 oz	Volumen de agua	31.9 oz	27	Calibración de llenadora	Parar línea, recalibrar llenadora	5 Mins

- Prepara un diagrama de Pareto de los tipos de artículos defectuosos.

- Haz un análisis de causa raíz del principal tipo de artículos defectuosos.

- Asigna puntos de acción para corregir las causas raíz.

Variabilidad - *Medidas Críticas*

Medidas Críticas Gráficas de Comportamiento

Una ***Medidas Críticas Gráfica de Comportamiento*** da siguimiento al historial de una medida. Es similar a la gráfica de comportamiento que se discutió en la página 18, excepto que existe un valor objetivo, un límite de control superior y un límite de control inferior.

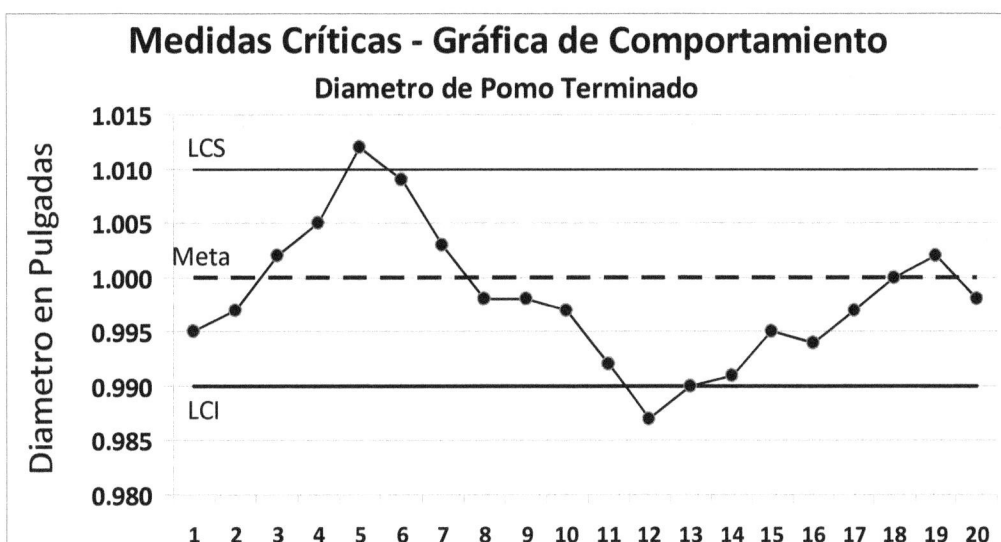

Medidas Críticas - Gráfica de Comportamiento
Diametro de Pomo Terminado

- Las medidas que caen entre los límites de control superiores e inferiores son aceptables.

- Las medidas que caen fuera de los límites de control superiores e inferiores se consideran inaceptables, y se necesita tomar acción correctiva.

- El proceso debe ser diseñado para producir consistentemente las salidas que están dentro de los límites de control superiores e inferiores.

- A medida que el proceso mejora se puede esperar que la medida se mueva constantemente más cerca al valor objetivo.

En la gráfica de comportamiento de abajo, los pomos de una pulgada de diámetro producidos por un proceso se prueban y se miden 20 veces en cada turno. El límite de control superior es de 1.01". El límite de control inferior es de 0.99". Las muestras 5 y 12 cayeron fuera de los límites de control, por lo que esos pomos serían rechazados y sería necesario corregir el proceso en ambas ocasiones.

Idealmente se debería tomar acción después de las medidas 4 y 11, cuando las medidas van en tendencia hacia el límite de control superior o el límite de control inferior, para evitar producir artículos defectuosos.

Variabilidad-*Procedimientos Normalizados de Trabajo*

Procedimientos Normalizados de Trapajo (PNT [SOP siglas en Inglés])

Cada proceso debe llevarse a cabo sistemáticamente, siguiendo las *mejores prácticas disponibles*, incluso cuando distintos operadores están realizando el proceso.

- Documenta las mejores prácticas disponibles utilizando un *Procedimiento Normalizado de Trabajo*.
  - *Describe* cada tarea.
  - *Instrucciones* detalladas de cómo realizar cada tarea utilizando los mejores métodos disponibles.
  - Utiliza *diagramas y fotografías* según sea necesario para aclarar las instrucciones.

Procedimientos Normalizados de Trabajo: Paso del Proceso de Pintar Silla Fecha Efectiva: 3/18/2013			
Tarea #	**Descripción de Tarea**	**Instrucciones**	
1	Poner carretilla en placa giratoria	Poner carretilla sobre placa giratoria con el borde biselado adyacente al labio elevado de la placa giratoria. Fig 1.	**Figura 1** 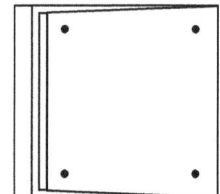
2	Poner silla sobre carretilla	Poner silla sobre carretilla con todas las patas reposando en las hendiduras. La patas delanteras encajan en las hendiduras más cercanas al borde biselado de la carretilla. Fig 2.	
3	Encender placa giratoria		
4	Levantar pistola rociadora de la mesa		**Figura 2** 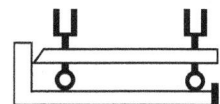
5	Limpiar inyector con trapo	Limpiar la parte delantera del inyector de pistola rociadora con un trapo limpio.	

- Los operadores más *experimentados* deben *participar* en el desarrollo de los procedimientos.
- Todos los operadores deben acordar en *seguir* los procedimientos normalizados de trabajo.
- *Escucha* las sugerencias del operador para mejorar los procedimientos.
- *Actualiza* los procedimientos de operación cuando estos se mejoran.

Variabilidad-*Control Estadístico del Proceso*

Control Estadístico del Proceso (SPC)

Existe una herramienta llamada **Control Estadístico del Proceso** que se puede utilizar para reducir la variabilidad a cantidades muy pequeñas.

Cualquier operación que quiera **minimizar la variabilidad** debe tener al menos un empleado que este entrenado en SPC.

Reduciendo la variabilidad de las entradas:

- **Inspecciona** las materias primas a medida que se reciben de los proveedores utilizando las **medidas críticas** tal como se discutió en la página 58.
- Trabaja con los **proveedores** para garantizar la calidad constante y el tiempo de ciclo de entrega.
- Da seguimiento a los fallos del **desempeño a tiempo** de tus proveedores mediante un diagrama de Pareto. Las fallas incluirían entregas tardías o de calidad inaceptable.
- Trabaja con los proveedores para corregir las **causas raíz** de las fallas del desempeño a tiempo.

Resumen de la Reducción de Variabilidad:

La reducción de la variabilidad es vital para incrementar la demanda de tus productos y aumentar las ganancias.

Hemos hablado de varias herramientas para reducir la variabilidad, puede parecer abrumador:

- Da un paso a la vez.
- Comienza por identificar y eliminar los **problemas** de variabilidad del proceso.
- Los problema van a identificar dónde se necesitan documentar las **medidas críticas**.
- Después que la medida crítica este en su lugar, inicia un **registro de artículos defectuosos** para la medida.
- Redactar **procedimientos normalizados de trabajo** toma un tiempo considerable, por eso comienza con los pasos del proceso donde más se necesiten. Más tarde, después que los procesos hayan mejorado considerablemente y haya más recursos disponibles, inicia un programa de NPT (SOP) generalizado.
- Si necesitas reducir la variabilidad a cantidades minúsculas, utiliza **gráficas de control** y **PNT (SPC)**.

Inventario

Inventario

Tipos de inventario

El inventario se puede divider en cuatro tipos:

- **Inventario en proceso** - Materiales dentro de un proceso:

    - El tener *valor agregado* durante un paso del proceso,

    o

    - *El esperar* en una *cola* para el siguiente paso del proceso.

- **Materias primas** - Materiales sin procesar *esperando ser introducidos* en un proceso.

- **Inventario de productos terminados** - Las salidas finales de un proceso *esperando ser vendidas* y entregadas a un cliente.

Algunos de los problemas causados por el inventario:

- Se toma *tiempo y esfurzo* dar seguimiento y gestionar el inventario, incrementando costos.

- El inventario podría *dañarse*, estropearse o volverse obsoleto, incrementando costos.

- El inventario el cola ocupa *espacio* e *impide* el flujo del proceso.

- El inventario ata el *dinero efectivo*.

El reducir el inventario hara:

- Reducir el *esfurzo* de gestinoar los procesos.

- Reducir los *dólares* gastados en inventario dañado u obsoleto.

- *Acelerar* el flujo del proceso.

- Incrementar el flujo de *dinero efectivo.*

Inventario en Proceso

Inventario en Proceso

Algunas razones por las que tenemos inventario en proceso:

- Los procesos se llevan tiempo. El inventario tiene que estar dentro de los pasos del proceso durante el tiempo de procesamiento para que pueda ser modificado y tener *valor agregado*.

- Los procesos por lo general requieren una serie de tareas que se deben realizar en una secuencia particular. El inventario en proceso permite que múltiples tareas se realizen al mismo tiempo para *incrementar el rendimiento*.

- El inventario en cola es necesario como *amortiguador* cuando los pasos del proceso tienen diferentes tiempos de ciclo, y se desea mantener a todos los operadores ocupados todo el tiempo.

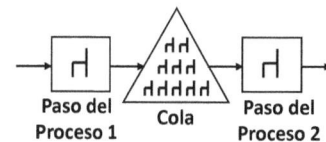

- El inventario en cola se crea cuando los procesos se llevan a cabo en *lotes*. Cuanto más grande sea el tamaño del lote, mayor será el inventario en cola.

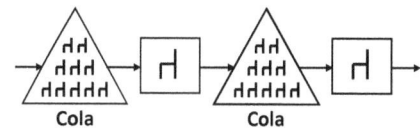

- El inventario en cola se acumulará antes de los pasos del proceso de *cuello de botella*.

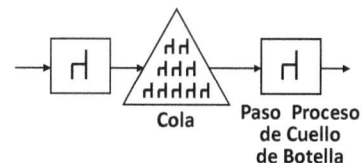

Inventario en Proceso

Ejercicio de Clase 27 - *Inventario en proceso*

1. En el Ejercicio de Clase 14 en la página 36, sumaste el inventario dentro de un proceso.

   ¿Cuánto del inventario fue inventario en cola?

   ¿Cuánto estaba dentro de un paso del proceso al que se le estaba agregando valor?

Reduciendo el Inventario en Proceso

La fórmula del proceso reorganizada

La reorganización de la **fórmula del proceso** que discutimos el la **página 35**, puede ayudarnos a encontrar maneras de reducir el inventario:

Inventario en Proceso = Tiempo de Ciclo X Rendimiento

40 sillas = 4 horas X 10 sillas por hora

La fórmula nos muestra que:

- Reducir el **tiempo en cola** de un proceso reducira el inventario en cola.

- Reducir el **tiempo de procesamiento** mediante la combinación de los pasos del proceso reducira el inventario en proceso.

- Reducir **el tiempo de ciclo** de los pasos del proceso de cuello de botella reducira el inventario en cola.

Reduciendo el inventario en proceso:

El inventario en cola puede reducirse utilizando los mismos métodos para reducir el **tiempo en cola** ya discutidos en la **página 40**:

- Reduciendo el **tamaño de lote de transferencia** entre los pasos del proceso mediante el uso de equipos tales como transportadoras.

- **Balancear** un proceso de modo que todos los pasos del proceso tengan el **mismo tiempo de ciclo**.

- Identificar y eliminar los **cuellos de botella** dentro del proceso reducira el inventario en cola.

- **Suministrar** inventario para un proceso a la misma velocidad que el rendimiento de un paso del proceso de **cuello de botella** reducira el inventario en cola.

- **Combinar los pasos del proceso** para que se puedan realizar **al mismo tiempo** en vez que secuencialmente.

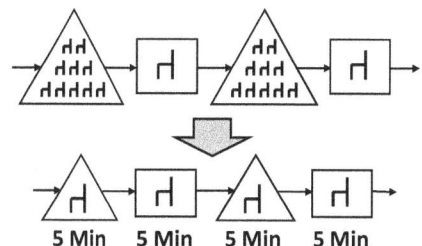

Reduciendo el Inventario en Proceso

Ejercicio de Clase 28 - *Reduciendo el inventario en proceso*

1. Para el Ejercicio de Clase 18 de la página 42, sugeriste maneras para reducir el tiempo de ciclo de un proceso.

   ¿Alguna de tus sugerencias reduce también el inventario en proceso?

2. ¿Existen algunos procesos con los que trabajas que tengan mucho inventario en cola?

3. La página 67 enumera algunos métodos para reducir el inventario en proceso. ¿Qué métodos se podrían utilizar para reducir el inventario de los procesos con los que trabajas?

Inventario de Materas Primas

Inventario de Materias Primas

El inventario de materias primas actúa como un **amortiguador** entre el proveedor de materiales y los procesos, para asegurar que las materias primas estén disponibles para ser introducidas en un proceso cuando se necesiten.

Algunas razones por las que tenemos inventario de materias primas:

- Las materias primas típicamente vienen de los proveedores. Puede ser **logisticamente impráctico** para un proveedor entregar materias primas en el momento exacto que los materiales nesecitan ser introducidos en un proceso.

- Los materiales de envío de un proveedor pueden tener un alto costo. Enviar materiales en lotes normalmente reduce el costo por unidad del **costo de envío.**

- Puede ser imposible **predecir** con exactitud cuándo se necesitarán introducir las materias primas en un proceso, por lo que el inventario debe estar en espera y **disponible** cuando se necesite.

Reduciendo el inventario de materias primas:

- Los **controles** mejorados del inventario de materias primas permitirán reducir el inventorio.

  - Un sistema **Kanban** (punto de pedido visual) ayuda a asegurar que los materiales sean ordenados de los proveedores de manera oportuna.

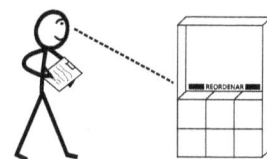

- Reduce la **cantidad de pedidos** a los proveedores.

- Trabaja con los proveedores para reducir el **tiempo de ciclo** de los pedidos.

- Trabaja con los proveedores para mejorar la **consistencia** del tiempo de ciclo del proveedor.

Inventario de Productos Terminados

Inventario de Productos Terminados

El inventario de productos terminados actúa como un **amortiguador** entre nuestros procesos y nuestros clientes, para ayudar a asegurar que el producto este **disponible** para nuestros clientes cuando lo necesiten.

Algunas razones por las que temos inventario de productos terminados:

- Puede ser imposible predecir exactamente cuándo los clientes van a querer nuestros productos, por lo que el inventario debe estar en espera y disponible cuando se necesite.

- El envío de producto al cliente puede tener un alto costo. La fabricación y el envío de productos por lotes suele reducir el costo por unidad del costo de envío.

Reduciendo el inventario de productos terminados:

- El **tamaño de lote** reducido del proceso debería reducir la necesidad de inventario de productos terminados.
  - Si **una vez al mes** generas una cantidad que iguala a las ventas de un mes, tu promedio de inventario de productos terminados para el producto será igual a 1/2 mes de ventas.
  - Si generas el mismo producto **semanalmente**, y generas una cantidad igual a las ventas de una semana, tu promedio de inventario de productos terminados para el producto será igual a 1/2 semana de ventas.

- El producto a menudo se produce en grandes lotes para reducir la cantidad de tiempo invertido en el montaje. Reducir **el tiempo de montaje** a menudo permitirá reducir el tamaño de lotes.

- Una mejor **comunicación** con los **clientes** ayudará a pronósticar mejor la demanda del cliente, permitiendo que el inventario de productos terminados se reduzca.

- Un tiempo de ciclo del proceso más **consistente** permitirá que el inventario de productos terminados se reduzca.

- Reducir el tiempo de ciclo y el tamaño de lote te permitirá producir el producto ya que éste es **ordenado** por sus clientes, en lugar de **almacenar** producto terminado en inventario.

Reduciendo el Inventario de Materias Primas y PT

Ejercicio de Clase 29 - *Reduciendo el inventario de materias primas*

1. En términos de dólares ¿que objeto del inventario de materias primas es el más grande?

2. ¿Cuáles son algunas maneras prácticas en las que podríamos reducir el inventario de este artículo y aún así asegurar que tendremos el objeto a la mano cuando se necesite?

Ejercicio de Clase 30 - *Reduciendo el inventario de productos terminados*

1. En términos de dólares ¿que objeto del inventario de productos terminados es el más grande?

2. ¿Cuáles son algunas maneras prácticas en las que podríamos reducir el inventario de este artículo y aún así asegurar que tendremos el objeto a la mano cuando el cliente lo necesite?

3. Cuando hablamos del rendimiento hablamos de cómo reducir el tiempo de montaje. Podría el tiempo de montaje reducirse para que el tamaño de lote y el inventario de productos terminados se pueda reducir?

Desempeño del Proceso - *Costos*

Costos del Proceso

Reducir los costos del proceso aumenta las **ganancias** y el **flujo de caja** mientras se reduce el impacto de las operaciones en el medio ambiente natural.

Los costos del proceso se pueden dividir en dos tipos:

- **Costos Variables** - Costos que varían con el volumen de las salidas:
  - Costos laborales del proceso.
  - Entradas de materia prima.
  - Provisiones del proceso.
  - Servicios externos.
  - Garantía de los productos.

- **Gastos Generales** - El costo de proporcionar la capacidad del proceso. También conocidos como "costos fijos". Los costos que no cambian, a corto plazo, al cambiar las salidas.
  - Alquiler.
  - Seguro.
  - Depreciación.
  - Mantenimiento.
  - Servicios externos.

- Algunos costos serán parcialmente **variables** y parcialmente **fijos**.
  - Electricidad.
  - Provisiones.

Muchas de las actividades para mejorar los procesos que ya se han discutido reducirán los costos:

- Reducir las **lesiones** reducira los costos de mano de obra y gastos generales.
- Reducir el tiempo de procesamiento, tiempo de montaje o tiempo inactivo a menudo reducirá los costos de mano de obra.
- Eliminar los **cuellos de botella** a menudo reducirá los costos de mano de obra.
- Reducir el **inventario** reducirá los costos de mano de obra y gastos generales.
- Reducir los **desechos**, reprocesos, artículos defectuosos y devoluciones de los clientes reducirá los costos de materiales y mano de obra.

Desempeño del Proceso - Costos

Reporte de Costos

La mayoría de las empresas ya reportan los costos en alto nivel en los **estados de cuenta de pérdidas y ganancias** mensuales. Los informes de costos detallados por departamento o célula de trabajo pueden o no estar disponibles. Dependerá de cómo se hayan configurado los **sistemas de contabilidad.**

Como mínimo, los informes de costos deben ser **divididos** entre los costos variables y los gastos generales. Los costos que tienen tanto un componente variable y un componente fijo deben dividirse y cada componente debe reportarse por separado.

A medida que progresas en el libro de trabajo y **mejoras los procesos**, debes esperar ver bajar tanto la variable de los costos por unidad y los gastos generales.

Reduciendo los costos variables:

- Como se ha mencionado, mejorar las otras medidas del proceso reducirá la mano de obra, los materiales y otros costos variables.

- Colaborar con **proveedores** existentes o cambiar de proveedor puede ser una manera de reducir los costos de los materiales o servicios externos.

Compañia de Muebles Finos
Costos Variables - Enero

	Costo	Costo/ Unidad
Unidades Producidas	27,106	
Mano de obra	$43,070	$1.59
Materiales	$32,026	$1.18
Ferreteria	$4,599	$0.17
Electricidad	$4,205	$0.16
Solventes	$3,845	$0.14
Empaquetado	$3,706	$0.14
Flete	$3,624	$0.13
Herramientas de Mano	$3,281	$0.12
Abrasivos	$2,468	$0.09
Guantes	$1,407	$0.05
Brochas	$1,207	$0.04
Total de Costos Variables	**$103,438**	**$3.82**

Desempeño del Proceso - Costos

Reduciendo los gastos generales:

- Mejorar los procesos debería reducir algunos de los gastos generales.
  - Reducir el *inventario* reducirá el coste de la gestión del inventario.
  - Menos *problemas* con los procesos reducirá el costo de administrar los procesos.
- Localizar y eliminar los *cuellos de botella* suele ser la forma de más bajo costo para incrementar la capacidad del proceso.
- Reducir el desperdicio de *provisiones* tales como tapones para los oídos, gafas de seguridad, toallas de papel y trapos.
- Hacer que otros proveedores *hagan ofertas* de provisiones generales y servicios.
- El historial consecutivo de *doce meses* de los gastos generales demostrado abajo es una forma sencilla para controlar los gastos generales y ver oportunidades para reducir los costos.

Compañia de Muebles Finos
Gastos Generales

	Ene	Feb	Mar	Abr	May	Jun	Jul	Ago	Sep	Oct	Nov	Dic
Alquiler	18,532	18,532	18,532	18,532	18,532	18,532	18,532	18,532	18,532	18,532	20,287	20,287
Depreciación	6,235	6,235	6,235	6,235	6,235	6,308	6,308	6,964	6,964	7,185	7,185	7,258
Seguro	20,599	29,691	20,599	20,599	20,599	20,599	20,599	20,599	20,599	26,473	26,473	26,473
PPE Provisiones	2,702	2,438	2,385	2,196	2,253	2,517	2,464	2,275	2,332	2,279	2,090	2,147
Servicios Externos	175	270	937	1,611	918	1,667	-	169	277	324	-	1,227
Reparaciones y Mant.	2,637	762	351	1,277	561	440	2,455	165	508	1,181	3,873	356
Provisiomes	3,706	3,894	1,158	4,789	3,185	2,924	2,734	2,740	3,799	1,023	4,508	2,867
Utilidades-Gas	1,006	984	1,043	863	694	534	463	408	576	765	894	972
Utilidades-Electricidad	6,335	6,248	6,354	6,446	6,844	7,088	7,459	7,807	8,784	7,201	6,104	5,901
Utilidades-Agua	174	190	201	171	176	215	226	231	217	173	169	160
Teléfono	675	675	550	550	550	575	575	575	575	700	700	700
Total de Gastos Generales	62,776	69,919	58,345	63,269	60,547	61,399	61,815	60,465	63,163	65,836	72,283	68,348

Desempeño del Proceso - Costos

Ejercicio de Clase 31 - *Reduciendo costos.*

¿Cuáles son algunas formas en que la empresa puede reducir costos?

-
-
-
-
-
-

Apéndice - *Lista de Tareas*

Lista de Tareas:

Tarea #	Descripción de Tarea	Tiempo de Ciclo	Cómo Minimizar	Nuevo Tiempo de
	Total de Tiempo de Ciclo			
	Valor Agregado			
	Sin Valor Agregado			

Apéndice-*Lista de Tiempo de Montaje e Inactivo*

Lista de Tiempo de Montaje y Tiempo Inactivo:

Descripción de Tiempo de Montaje y Tiempo Inactivo	Tiempo de Ciclo	Frecuencia	Minutos Por Día	Cómo Minimizar	Nuevo Tiempo de Ciclo	Nueva Frecuencia	Minutos Por Día

Total de Minutos de Tiempo Inactivo Por Día

Segundos

Apéndice-*Registro de Evento de Tiempo Inactivo*

Registro de Tiempo Inactivo:

Fecha	Descripción de Evento de Tiempo de Inactividad	Hora en que Paró el Proceso	Hora que se Reactivo el Proceso	Tiempo Inactivo

Apéndice-*Cuadrícula de Medidas Críticas*

Medicas Críticas:

Descripción del Producto	Atributo Crítico	Meta de Medición	Tolerancia	Minimo Aceptable	Maximo Aceptable	Cómo Medir	Que tan Seguido

Apéndice-*Registro de Artículos Defectuosos*

Registro de Artículos Defectuosos:

Fecha	Tiempo	Producto	Atributo Medido	Margen Aceptable	Medición Actual	Cantidad Rechazada	Causas de Rechazo	Acción Correctiva Tomada	Minutos de Inactividad

índice

índice

www.ingramcontent.com/pod-product-compliance
Lightning Source LLC
Chambersburg PA
CBHW051352200326
41521CB00014B/2542